Bernhard Lins
Linda Wolfsgruber

Das Jahr lacht unterm Regenschirm

Die Deutsche Bibliothek – CIP-Einheitsaufnahme

Das Jahr lacht unterm Regenschirm : Gedichte für Kinder
von Bernhard Lins. Ill. von Linda Wolfsgruber.
– Innsbruck ; Wien : Tyrolia-Verl., 1995
ISBN 3-7022-2009-7
NE: Lins, Bernhard; Wolfsgruber, Linda

1995
Alle Rechte bei der Verlagsanstalt Tyrolia, Innsbruck
Illustrationen von Linda Wolfsgruber
Lithos: Tiroler Repro, Innsbruck
Printed in Italy

Das Jahr
lacht
unterm
Regenschirm

Gedichte für Kinder
von Bernhard Lins

Illustrationen
von Linda Wolfsgruber

Tyrolia

DER KALENDER

Im Frühling – wie ein jeder weiß –
ist er prallvoll und dick.
Im Sommer ist er schlank und rank,
da ist er richtig schick.
Im Herbst da nimmt er weiter ab,
er scheint ein wenig krank.
Und wenn der Winter dann beginnt,
so ist er mehr als schlank.
Am ersten Jänner – klarer Fall –
da ist er wieder dick und prall:
der Kalender.

DAS JAHR LACHT UNTERM REGENSCHIRM

Das Jahr lacht unterm Regenschirm
und macht sich auf die Socken.
Die Sonne scheint, der Regen rinnt,
bald tanzen weiße Flocken.
Das Jahr lacht unterm Regenschirm
und geht im Sauseschritt.
Ob Sonne, Regen, Flockentanz,
ich gehe mit ihm mit.

Frühling

DER FRÜHLING IST INS LAND GEZOGEN

Der Frühling ist ins Land gezogen,
wie ein bunter Bilderbogen
hat sich beinah über Nacht
die Natur ganz fein gemacht.

NUN WIRD ES ENDLICH WIEDER ZEIT

Nun wird es endlich wieder Zeit,
die Augen wachzureiben.
Die ersten Fliegen krabbeln schon
über die Fensterscheiben.

Nun wird es endlich wieder Zeit,
das Fahrrad blank zu putzen,
die Hecke und den Winterpelz
im Frühjahrsschnitt zu stutzen.

Nun wird es endlich wieder Zeit,
ein Frühlingslied zu singen
und lustig wie ein Ziegenbock
durchs junge Grün zu springen.

DER FRÜHLING

Der Frühling hat fast über Nacht
die braunen Wiesen grün gemacht
und zieht dem Garten dann
die schönsten Kleider an.
Er macht den Katzen schnelle Beine,
trocknet Wäsche an der Leine,
holt die Schnecken aus dem Haus
in den Frühlingsregen raus.
Er läßt die Käfer wieder krabbeln
und die Kinder wieder zappeln.
Der Frühling hat fast über Nacht
mit dem Winter Schluß gemacht.

9

DER FRÜHLING IST DA

Der Frühling ist da,
es trommelt der Specht.
Jetzt Ferien zu haben,
wäre nicht schlecht.

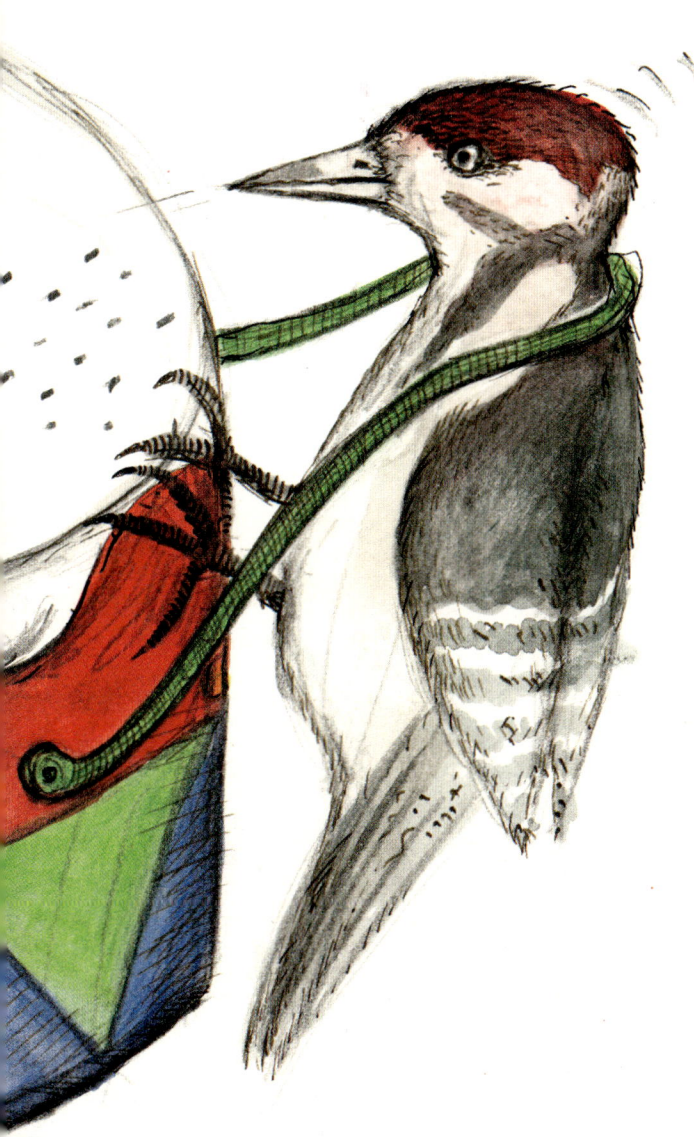

DER FRÜHLING
TREIBT GERN SCHABERNACK

Der Frühling treibt gern Schabernack,
er bläst auf seinem Dudelsack
noch einmal Märzenschnee daher
und tut, als ob es Winter wär.
Der Frühling treibt gern Schabernack,
er bläst auf seinem Dudelsack
und hat den Sommer huckepack.

SCHNEEGLÖCKCHEN LÄUTEN

Schneeglöckchen läuten den Frühling ein,
sie wollen nicht länger alleine sein.
Sie bimmeln und bammeln,
aber das Bummeln
das überlassen sie lieber den Hummeln.

Hummel

FREU DICH MIT DEN SCHMETTERLINGEN

Freu dich mit den Schmetterlingen,
mach kein trauriges Gesicht.
Freu dich, wenn die Vögel singen
und das Eis am Bache bricht.
Endlich ist es nun soweit,
endlich kommt die Frühlingszeit.
Bald spring ich durchs Sommerland
mit 'nem Eis in jeder Hand.

Was der Frühling alles macht

Hast du schon daran gedacht,
was der Frühling alles macht,
was der Frühling alles kann
heut und irgendwann?

Käfer läßt er wieder krabbeln,
Kinder in der Schule zappeln,
denn sie wollen aus dem Haus,
nichts wie auf die Wiese raus.

Er läßt uns den Schnupfen kriegen,
wenn die ersten Pollen fliegen,
Winterschläfer sind bereit
für die Frühjahrsmüdigkeit.

Mancher Badehosenkäufer
wird nun gleich ein Dauerläufer,
denn was man nicht gerne mag,
bringt die Sonne an den Tag.

Katzen, Hunde, Hamster, Ziegen,
nun die Sommerhaare kriegen.
Nur Papa verliert sogar
jeden Frühling Haar um Haar.

Hast du schon daran gedacht,
was der Frühling alles macht,
was der Frühling alles kann
heut und irgendwann?

DER FRÜHLING IST DIE SCHÖNSTE ZEIT

Der Frühling ist die schönste Zeit,
bald kann ich barfuß gehen
und fühl mich dabei pudelwohl
vom Kopf bis zu den Zehen.

Die Vögel bauen nun ihr Nest,
bald füttern sie die Jungen.
Die Blumen und die Blüten sind
vor Freude aufgesprungen.

Der Himmel ist so blau, so weit
mit ein paar Wolkenkissen.
Der Frühling ist die schönste Zeit,
das sollt ihr alle wissen.

EIN KROKUS

Ein Krokus bohrte sich ganz leis
im Frühling durch den Schnee, durchs Eis.
Er wollte nicht mehr warten.
Und bald begann der Schnee zu blühn.
Die Sonne war wie Medizin
für unsern kleinen Garten.
Ich glaub, der Frühling, der kann hexen.
Man sieht es an den bunten Klecksen.

Krokus

KATZE IM FRÜHLING

Im Frühling immer,
Jahr für Jahr,
verliert die Katze
Haar um Haar
und putzt sich mit der Tatze.
Im Frühling immer,
Jahr für Jahr,
da sagt mein Papa:
Mir wird klar,
ich krieg bald eine Glatze,
ich wollt, ich wär 'ne Katze,
die hat noch keine Glatze …

WENN DIE SCHWALBEN WIEDER KOMMEN ·

Wenn die Schwalben wieder kommen,
bleibt das Futterhäuschen leer.
Wenn die Schwalben wieder kommen,
fliegt kein Vogel zu ihm her.
Wenn die Schwalben wieder reisen,
kommen Spatzen, Amseln, Meisen.
Immerzu tagein, tagaus
fliegen sie zum Futterhaus,
bis die Schwalben wieder kommen
und es wieder Frühling wird.

SCHNECKEN MÖGEN REGEN

Schnecken, meinetwegen,
Schnecken mögen Regen.
Schaut es nicht nach Regen aus,
bleiben sie im Schneckenhaus.

Schnecken, meinetwegen,
Schnecken mögen Regen.
Schaut es nicht nach Regen aus,
will ich aus dem Haus hinaus.
Schnecken, meinetwegen,
Schnecken mögen Regen.

17

EIN FERKEL WOLLTE FLIEGEN

Ein Ferkel wollte fliegen
an einem Tag im Mai,
da meckerten die Ziegen
und schrieen: Schweinerei.

Das Ferkel wollte starten
und machte einen Tanz,
es drehte sich der Garten
und auch der Ferkelschwanz.

Das Ferkel fand es fein
und landete im Mist,
weil auch das beste Schwein
kein Helikopter ist.

Ziege

18

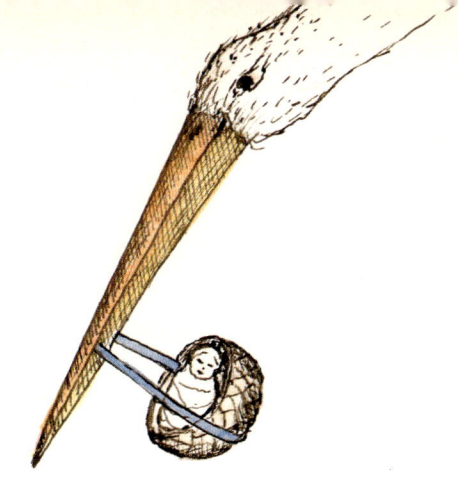

LIEBER STORCH

Lieber Storch, sag mir gleich,
wo geht's hier zum Babyteich?
Bitte, bitte, bring mir einen
lieben Bruder, einen kleinen.
Bruder, ach, ich weiß nicht recht,
eine Schwester wär nicht schlecht.
Ich such mir die liebste aus,
und du bringst sie uns ins Haus.
Bitte, tu mir den Gefallen,
laß sie weich ins Bettchen fallen.

EIN GOCKEL AUF DER AUTOBAHN

Zu Ostern läuft ein Gockelhahn
in Salzburg auf der Autobahn
und überholt per pedes
Ford, Opel und Mercedes.
Am Abend sah man im TV
den Gockel nicht –
jedoch den Stau.

ZEHN KLEINE OSTERHASEN

Zehn kleine Osterhasen
liefen durch den Klee,
doch einer hatte gleich genug
lag auf dem Kanapee.

Neun kleine Osterhasen
rührten Farbe an,
dabei fiel einer in den Topf,
das war Sebastian.

Acht kleine Osterhasen
färbten Ei um Ei,
der allerkleinste war bald müd
und sagte nur: „Ohwei!"

Sieben kleine Osterhasen
malten noch so gern,
da haute wieder einer ab,
denn er sah lieber fern.

Sechs kleine Osterhasen
aßen sehr viel Kohl,
und hinterher da fühlte sich
ein Hase nicht ganz wohl.

Fünf kleine Osterhasen
malten lange schon,
da war schon wieder einer weg,
es ging das Telefon.

Vier kleine Osterhasen
plagten sich so sehr,
und als die Morgenzeitung kam,
da fehlte wieder wer.

Drei kleine Osterhasen
tranken Tee mit Rum,
bald machte wieder einer schlapp
und fiel ganz einfach um.

Zwei kleine Osterhasen
schafften so wie zehn.
Doch einer sprach: „Ich kann nicht
mehr!"
Fast war's um ihn geschehn.

Ein kleiner Osterhase
hatte Riesenstreß,
er nahm sein Funkgerät zur Hand
und funkte S-O-S.

Neun kleine Osterhasen
liefen schnell herbei,
und es malten alle zehn
wieder Ei um Ei.

DER FLIEDER BLÜHT ZUM MUTTERTAG

Der Flieder blüht zum Muttertag,
Jasmin ein bißchen später,
und was nicht für die Mütter ist,
ist später für die Väter.
Jasmin und auch der Flieder
blühn alle Jahre wieder
für Mama und Papa,
für Omama und Opapa,
für dich und auch für mich.

ICH WÜNSCH DIR JEDE MENGE GLÜCK

Ich wünsch dir jede Menge Glück,
am liebsten ganze Berge.
Und wenn du sehr viel Arbeit hast,
ruf ich die sieben Zwerge.
Und haben sie dann keine Zeit –
ich helf dir gern, ich bin bereit.

23

Mama, du, ich hab dich lieb

Mama, du, ich hab dich lieb,
möcht dich ganz fest drücken.
Willst du einen Kuß von mir,
dann mußt du dich bücken.

ICH WEISS GENAU, DASS ICH DICH MAG

Ich weiß genau, daß ich dich mag
und nicht nur heut am Muttertag,
denn täglich kommt mir in den Sinn,
daß ich mit dir so glücklich bin.
Du magst mich auch und nimmst mich so
grad wie ich bin, das macht mich froh.

SO HAB ICH DICH GERN

Wie der Apfel den Baum,
wie die Seife den Schaum,
wie die Eltern ihr Kind,
wie die Segel den Wind,
wie der Apfel den Kern,
so hab ich dich gern.

Sommer

WAS DER SOMMER ALLES MACHT

Hast du schon daran gedacht,
was der Sommer alles macht,
was der Sommer alles kann,
heut und irgendwann?

Er bringt wieder Eis zum Schlecken,
Donner, Blitze, Mücken, Zecken,
Fledermäuse, Extrawurst,
Affenhitze, Riesendurst.

Regenbogen, Gartenzwerge,
Feriengrüße – ganze Berge.
Autofahrer stehn im Stau,
ärgern sich bald grün und blau.

Kirschen reifen, Feuerbohnen
und im Süden die Zitronen.
Hoch im Norden taucht ganz leis
schnell ein Eisbär unters Eis.

Kinder läßt der Sommer lachen,
weil sie wieder Ferien machen.
Manche flüchten weg vom Strand,
kühlen ihren Sonnenbrand.

Hast du schon daran gedacht,
was der Sommer alles macht,
was der Sommer alles kann,
heut und irgendwann?

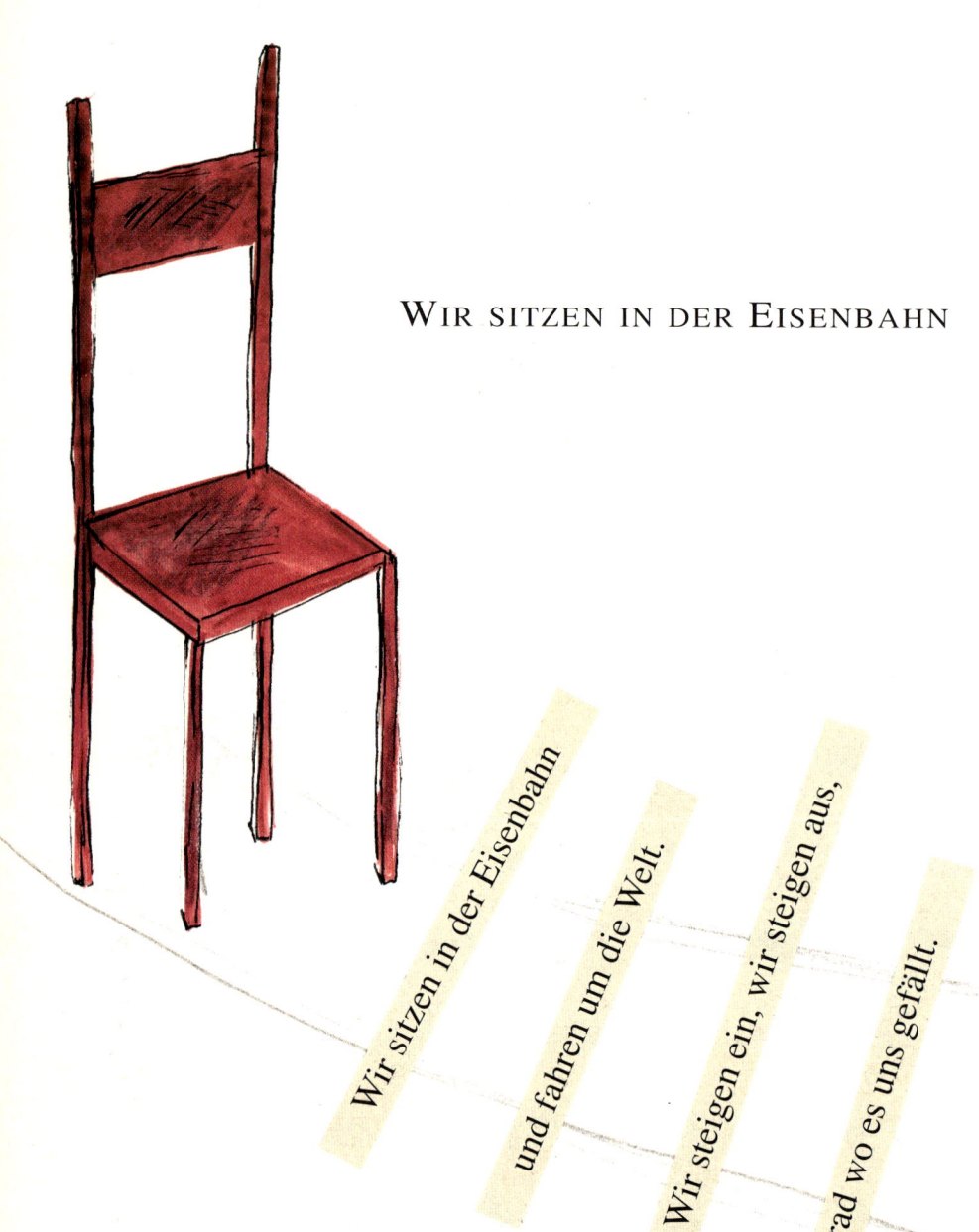

WIR SITZEN IN DER EISENBAHN

Wir sitzen in der Eisenbahn

und fahren um die Welt.

Wir steigen ein, wir steigen aus,

grad wo es uns gefällt.

Wir hätten einen Platz noch frei.

Komm steig doch bei uns ein.

Wir hätten einen Platz noch frei.

Doch kommt Mama ins Zimmer rein,

ist's um den Zug geschehn.

Dann stehn die Stühle unterm Tisch,

als wär nie was geschehn.

Doch geht Mama zur Türe raus,

dann holen wir ganz leise

die Stühle unterm Tisch hervor,

und weiter geht die Reise.

FEIN IST EIN RHABARBERBLATT

Fein ist ein Rhabarberblatt,
wenn man eins bei Regen hat.
Denn wenn ich es richtig mach,
wird das Blatt zum Regendach.

Fein ist ein Rhabarberblatt,
wenn man eins bei Sonne hat.
Denn wenn ich es richtig mach,
wird das Blatt ein Sonnendach.

Fein ist ein Rhabarberblatt,
wenn man überhaupt eins hat.
Aus den Stielen macht man Kuchen,
und den müßt ihr mal versuchen.

WENN DIE SONNENBLUMEN BLÜHEN

Wenn die Sonnenblumen blühen,
dann ist meine schönste Zeit.
Wenn die Schäfchenwolken ziehen,
ist die Welt so bunt und weit.

Wenn die Sonnenblumen blühen,
möchte ich Dornröschen sein.
Und ich träume hundert Jahre
immer nur vom Sonnenschein.

Wenn die Sonnenblumen blühen,
ist der Sommer bald dahin.
Und ich werde wohl erwachen,
wenn ich in der Schule bin.

Ein Löwenzahn

Ein Löwenzahn, ein Löwenzahn,
der blühte sonnenhell
im grünen Rasen vor dem Haus,
Mama war gleich zur Stell'
und schnitt im Rasen vor dem Haus
den kleinen Löwenzahn heraus.

Ein Löwenzahn, ein Löwenzahn,
der sagte sich: „Na und?
Meine Wurzeln kriegt ihr nicht!
Ich wachse Stund um Stund,
in ein paar Wochen blüh' ich wieder –
so wie zum Muttertag der Flieder."

Kleine Helikopter

Kleine Helikopter
fliegen nun geschwind
über Sommerwiesen
leicht im Sommerwind.
Und im Frühjahr irgendwann
blüht im Garten Löwenzahn.

Eins, zwei, drei, vier, neunundzwanzig,
Sonne macht die Butter ranzig,
Sonne macht die Kinder braun
wie die Nüsse auf dem Baum.

Eins, zwei, drei, vier, neunundzwanzig,
Sonnenschein von Wien bis Danzig.
Fängt das Wochenende an:
Picknick auf der Autobahn.

Eins, zwei, drei, vier, neunundzwanzig,
Sonne macht die Butter ranzig,
Sonne macht die Äpfel rot
und die Sorgen mausetot.

34

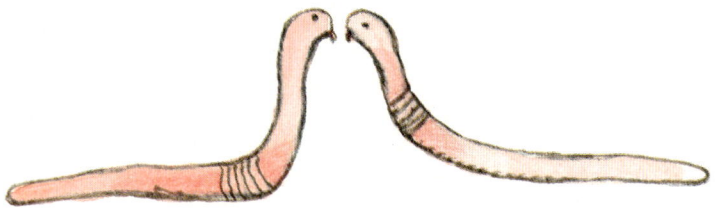

SCHON WIEDER SONNENSCHEIN

Ein Regenwurm, ein richtig netter,
der traf im Garten seinen Vetter,
und beide schimpften übers Wetter:
„Ach Gott, schon wieder Sonnenschein!
Alarm! Gleich in die Erde rein –
's schaut wieder nicht nach Regen aus,
der Sonnenschein ist uns ein Graus!"

Ein Schmetterling, ein richtig netter,
der traf zur selben Zeit den Vetter,
und beide freuten sich am Wetter:
„Gottlob, schon wieder Sonnenschein!
Da geht's gleich in die Wiese rein –
's schaut wieder nicht nach Regen aus,
denn Regen wäre uns ein Graus!"

ZEHN KLEINE GARTENZWERGE

Zehn kleine Gartenzwerge
tanzten Ringelreihn,
doch einer stolperte dabei,
da warens nur noch neun.

Neun kleine Gartenzwerge
lachten Tag und Nacht,
doch einer hat sich totgelacht,
da warens nur noch acht.

Fünf kleine Gartenzwerge
tranken einmal Bier,
doch einer trank zuviel davon,
da warens nur noch vier.

Vier kleine Gartenzwerge
machten viel Geschrei,
doch einer ging zur Polizei,
da warens nur noch drei.

Sieben kleine Gartenzwerge
trafen eine Hex,
und einer flog mit ihr davon,
da warens nur noch sechs.

Sechs kleine Gartenzwerge
wuschen ihre Strümpf,
doch einer fiel ins Wasser rein,
da warens nur noch fünf.

Acht kleine Gartenzwerge
wollten sich verlieben,
doch kurz vorm allerersten Kuß
da warens nur noch sieben.

Drei kleine Gartenzwerge
aßen Möhrenbrei,
doch einer aß ein Schneckenhorn,
da warens nur noch zwei.

Zwei kleine Gartenzwerge
hielten sich ganz fest,
doch einer schnappte gleich nach Luft,
und ihr kennt schon den Rest.

Ein kleiner Gartenzwerg
stand allein im Garten,
und im Keller wird er wieder
auf den Frühling warten.

MEINE MÄUSE HABEN JUNGE

Meine Mäuse haben Junge,
sag, wie kann das sein,
denn wir kauften letzten Sommer
doch zwei Männchen ein?!

Meine Mäuse haben Junge,
und nun wird mir klar,
daß das eine von den beiden
doch ein Mädchen war!

Meine Mäuse haben Junge,
sieben an der Zahl,
wenn ihr zwei von ihnen wollt,
dann besucht mich mal.

Kasimir der Gartenzwerg
hat seit Tagen Schnupfen,
im Gesicht und auf dem Bauch
hat er rote Tupfen.

Ob das vielleicht Masern sind?
denkt sich Kasimir geschwind.
Und er hustet und er schwitzt,
weil der Nachbar Bäume spritzt.
Denn der macht's nicht biologisch,
rote Tupfen sind dann logisch.

1 2 3 4 5 6 7 8 9

SOMMERSPROSSEN

Sommersprossen auf der Nase,
Sommersprossen im Gesicht.
Hab die Sonne so genossen,
Sommersprossen nicht.

Sommersprossen auf der Nase,
Sommersprossen bis zum Kinn.
Hab die Sonne so genossen,
weil ich lustig bin.

Sommersprossen auf der Nase,
Sommersprossen jedes Jahr.
Hab die Sonne so genossen
warm und wunderbar.

JULIA UND JULIUS

Täglich gibt der Julius
im Juli Julia 'nen Kuß,
denn beide haben – ohne Frage –
einunddreißig Namenstage –
jedes Jahr, na klar!

29 30 31

NOCH BLEIBT ETWAS ZEIT

Noch bleibt den Vögeln etwas Zeit,
ihr Morgenlied zu singen.
Noch bleibt den Grillen etwas Zeit,
ihr Nachtkonzert zu bringen.

Noch bleibt den Bienen etwas Zeit,
den Honig heimzutragen.
Noch bleibt den Katzen etwas Zeit,
den Mäusen nachzujagen.

Noch bleibt den Kindern etwas Zeit,
am Bach ein Boot zu schnitzen.
Noch bleibt der Oma etwas Zeit,
um vor dem Haus zu sitzen.

Noch bleibt etwas Zeit.

ICH WÜRD GERN WIE ALADIN ...

Ich würd gern wie Aladin
an der Lampe reiben.
Und ich wünschte mir sodann:
Es soll Sommer bleiben!

Doch es spricht der Flaschengeist:
„Das ist keine Frage,
auch der Herbst bringt dir bestimmt
viele schöne Tage."

Ich lauf auf die Wiese raus,
laß den Drachen steigen.
Blätter im Septemberwind
tanzen einen Reigen.

Ich würd gern wie Aladin
an der Lampe reiben.
Und ich wünschte mir sodann:
Herbst soll es nun bleiben.

SEP
TEM
BER

Herbst

HERBST IST …

Herbst ist, wenn die Drachen fliegen
und die Kinder Schnupfen kriegen,
wenn am Baum die Äpfel reifen
und die Vögel kaum noch pfeifen.

Herbst ist, wenn sich Äste neigen
und die Grillen nicht mehr geigen,
wenn die welken Blätter fallen
und Novembernebel wallen.

Herbst ist, wenn die Ähren reifen,
Jäger zu Gewehren greifen,
wenn der Storch verläßt sein Nest
und die Katze Haare läßt.

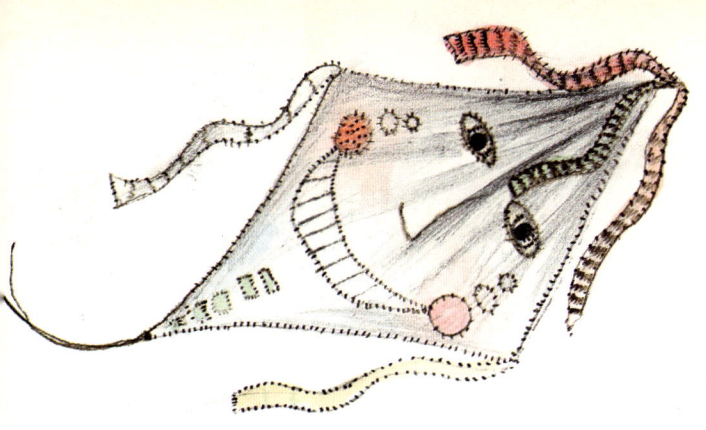

ICH LASS DEN DRACHEN STEIGEN

Ich laß den Drachen steigen.
Ich hab ihn selbst gebaut.
Ich laß den Drachen steigen,
der Wind rauscht in den Zweigen
mal leise und mal laut.

Ich geb dem Drachen Leine,
und hoch fliegt er dahin.
Ich geb dem Drachen Leine.
Schnell laufen meine Beine,
bis ich ganz müde bin.

Ich seh den Drachen schaukeln,
der Herbstwind nimmt ihn mit.
Ich seh den Drachen schaukeln,
die bunten Bänder gaukeln,
und langsam wird mein Schritt.

Ich sehe ihn entschwinden
und wünsche ihm viel Glück.
Ich sehe ihn entschwinden,
wirst du ihn einmal finden,
bring ihn zu mir zurück

Mein Kürbis

MEIN KÜRBIS

Kürbisse, ich denke, die
wachsen nicht nur für das Vieh.
Wie ein großer Gummiball
ist mein Kürbis dick und prall.

Ich trag ihn zu mir nachhaus,
höhl' ihn dann gleich richtig aus,
mit dem Messer ritzeratze
schnitze ich ihm eine Fratze.

Wird es endlich dunkel sein:
Kerze in den Kürbis rein,
schnell den Deckel zugemacht!
Es beginnt die Geisternacht.

WENN SEPTEMBERMÜCKEN TANZEN

Wenn Septembermücken tanzen,
schnüren Schüler ihre Ranzen.
Da hilft auch kein Tarzanschrei.
Ferien sind nun vorbei.

Doch es gibt noch – keine Frage –
wunderschöne Nachmittage
draußen im Septemberwind.
Darauf freut sich jedes Kind.

IN DIE SCHULE GEH ICH GERN

In die Schule geh ich gern,
Ferien hab ich lieber.
Doch die Schule habe ich
lieber noch als Fieber.

Herbst

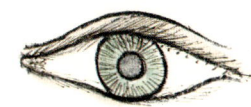

Ich seh den Herbst im Ahornblatt,
ich seh ihn auf den Feldern,
im Kleiderschrank, im Lesebuch,
am Bach und in den Wäldern.

Ich hör den Herbst im Apfelbaum,
ich hör ihn Nüsse schütteln,
und abends manchmal noch im Traum
am Fensterladen rütteln.

Ich riech den Herbst im Brombeerbusch,
auch in der Marmelade,
und wenn es diesen Herbst nicht gäb,
dann wär das jammerschade.

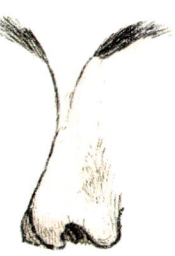

Ich schmeck den Herbst im Apfelsaft,
da schmeckt er süß und fein,
und wenn es was zu feiern gibt,
schmeckt Papa ihn im Wein.

„Ich fühl den Herbst nicht nur im Knie" –
das sagt mein Großpapa.
„Ich fühl den Herbst – ich weiß nicht wie.
Er ist ganz einfach da."

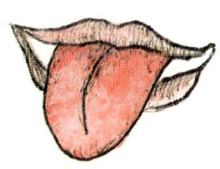

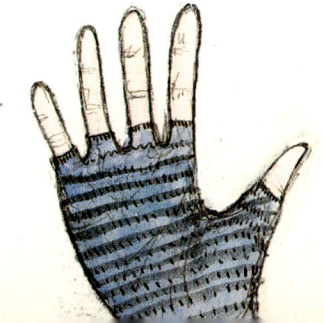

DER SOMMER HAT SICH ABGESCHMINKT

Der Sommer hat sich abgeschminkt,
bald sind die Farben fort.
Und wenn ein Blatt zu Boden sinkt,
dann hat der Herbst das Wort.

Das junge Jahr wird langsam alt,
die Bäume werden kahl.
Mir ist, als seh ich jedes Jahr
den Herbst zum ersten Mal.

RABEN

Raben hocken hoch im Wipfel
auf dem alten Birnenbaum.
Hocken da, ohne zu krächzen,
und bewegen sich nur kaum.

Hocken da wie angewachsen
im Septembersonnenschein.
Groß geworden sind die Jungen,
Rabeneltern sind allein.

Wenn ich in die Hände klatsche,
schwingen sich die Raben fort.
Weithin höre ich ihr Krächzen,
aber ich versteh kein Wort.

Raben hocken hoch im Wipfel,
nehmen noch ein Sonnenbad.
Der September kann nicht halten,
was der Mai versprochen hat.

53

ICH FLOG AUF EINEM AHORNBLATT

Ich flog auf einem Ahornblatt
im frischen Wind davon,
und über Schweden, in der Luft,
traf ich Nils Holgerson.

Nach Lappland flog der Gänserich.
Ich fragte: „Muß das sein?"
Und dann flog ich nach Kanada,
dort war ich nicht allein.

In Kanada gab's rauhes Wetter.
Doch jede Menge Ahornblätter
flatterten geschwind
mit mir im frischen Wind.

ERNTEDANK

Wir danken für die Früchte,
die uns der Herbst gebracht,
für Regen und für Sonne,
für jede gute Nacht.

Wir danken für die Fülle,
die uns der Herbst gebracht.
Wir danken für die Stille
und für die Farbenpracht.

Wir danken für die Freunde,
die uns das Leben schenkt.
Wir danken dem, der alle
unsre Wege lenkt.

WENN DER NOVEMBERREGEN FÄLLT

Wenn der Novemberregen fällt,
dann weiß ich, was ich tu.
Ich sitz in meinem Schneckenhaus
und mach den Deckel zu.

Dann träume ich vom Sonnenschein
vor meinem Schneckenhaus.
Im warmen Sand am Meeresstrand
siehts nicht nach Regen aus.

Ich hab sie noch, ich bin so froh
und glücklich, na und wie!
Wenn der Novemberregen fällt,
hab ich die Phantasie.

DER ZAUNKÖNIG

Ein König sitzt auf einem Zaun
und ist ganz lustig anzuschaun.
Er trägt zwar keine Krone,
doch freut er sich auch ohne.

Sein Königreich – man glaubt es kaum –
ist einfach nur ein Buchenzaun.
Und sein Palast ist nur ein Nest.
Im Herbst da gab er noch ein Fest
und sang aus frohem Herzen
im Schein der Königskerzen.

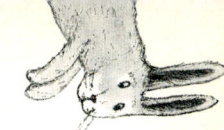

HASEN IM HERBST

Hasen hoppeln über Stoppeln,
suchen was zum Nagen.
Doch die feinen Hasennasen
müssen sich nun plagen.

Wo die gelben Rüben waren,
gibt es nichts zu fressen.
Warum können diese Menschen
nicht mal was vergessen!

WALNÜSSE

Walnüsse mit und ohne Schalen
haben nichts zu tun mit Walen.
Und ich kann es nur erahnen,
wie sie wohl zum Namen kamen.
In Giraffen stecken Affen.
In der Walnuß steckt ein Wal.
also such ihn mal!

RAUHREIF

Der Rauhreif nimmt die Farben weg.
Die letzten Früchte reifen.
Der Himmel ist ein grauer Fleck
mit ein paar Silberstreifen.

Das Jahr geht wieder schnell vorbei,
als wären's ein paar Tage.
Ich tu, als wär's mir einerlei,
und hab doch manche Frage.

Und wer da kein Zuhause hat,
dem wird es kalt und kälter.
Wer nirgends ein Zuhause hat,
der fühlt sich alt und älter.

Doch du bist nun ganz nah bei mir
und kennst all meine Fragen.
Du nimmst mich ganz so wie ich bin
in diesen Rauhreiftagen.

Der Rauhreif nimmt die Farben weg.
Die letzten Früchte reifen.
Der Himmel ist ein grauer Fleck
mit ein paar Silberstreifen.

Winter

DEZEMBER

ES WIRD WINTER

Wie wunderschön ist unsre Welt,
wenn leis der Schnee vom Himmel fällt,
dann tanzen Schneegespenster.
Nun halt ich's drinnen nicht mehr aus,
ich komm, wenn's dunkel wird, nach Haus'
und steh noch lang am Fenster.

Die Häuser und der Gartenzaun,
die Äste auf dem Apfelbaum,
sie tragen weiße Mützen.
Doch wenn die Sonne wärmer scheint
und unser Schneemann leise weint,
stapf ich durch Wasserpfützen.

WAS DER WINTER ALLES MACHT

Hast du schon daran gedacht,
was der Winter alles macht,
was der Winter alles kann,
heut und irgendwann?

Winterstürme läßt er brausen,
Schi und Rodel läßt er sausen,
und ich ziehe mir sodann
wieder warme Sachen an.

Autofahrer läßt er schimpfen,
Onkel Doktor Grippe impfen,
Opa bringt er zum Verdruß
wieder mal den Hexenschuß.

Er bringt uns Lebkuchenherzen,
Tannenduft und Weihnachtskerzen,
nun macht der Maronimann
endlich wieder Feuer an.

Er läßt Menschen Lieder singen,
Glocken hoch im Turm erklingen,
dir und mir wünscht er sogar
recht viel Glück im Neuen Jahr.

Hast du schon daran gedacht,
was der Winter alles macht,
was der Winter alles kann,
heut und irgendwann?

SCHNEE, SCHNEE

Schnee, Schnee,
wohin ich seh.
Schnee, Schnee,
wo ich auch steh.
Er fällt langsam und ganz still
immerzu, wohin er will.
Und auch ohne lang zu fragen,
fällt er gar in deinen Kragen.
Und verstehst du keinen Spaß,
bleib im Hause, merk dir das!
Rieseln draußen dann die Flocken,
bleiben deine Schuh und Socken
und auch deine Augen trocken.

EISBLUMEN

Eisblumen blühn an Fensterscheiben.
Hauch nicht dran,
sonst sind sie weg,
und all die zarten Eiskristalle
sind dann nur ein nasser Fleck.

WINTERSONNE

Wintersonne – ungelogen –
macht nur einen kleinen Bogen,
taucht die Landschaft wunderfein
in ganz zarte Farben ein.
Wintersonne, du, ich mag
dich an jedem Wintertag.

ENDLICH SCHNEE

Endlich Schnee,
juchhe, juchhe!
Wer hätt das gedacht,
daß Frau Holle sich nun doch
an die Arbeit macht.

Endlich Schnee,
juchhe, juchhe!
Flocken fallen leis.
Heute ist die Welt noch grau,
morgen ist sie weiß.

WEISSE ZUCKERWATTE

Spiegelglatte Regenpfützen,
Pudelmützen trägt der Zaun,
Häuser tragen weiße Hauben.
Herrlich ist das anzuschaun.

Dicke weiße Zuckerwatte
liegt im Garten vor dem Haus.
Ich schlüpf in die Winterstiefel
und lauf in den Schnee hinaus.

Ich schau in den grauen Himmel,
und ich wünsche mir, es sei
mit der weißen Zuckerwatte
doch nicht morgen schon vorbei.

ADVENT

Nun kommt er wieder, der Advent,
in unsre dunkle Welt,
damit ein Strahl vom großen Licht
auf unsre Erde fällt.

Nun kommt er wieder, der Advent,
im hellen Kerzenschein,
denn bald schon soll's für dich und mich,
für alle Weihnacht sein.

Nun kommt er wieder, der Advent,
möcht leise sein und still.
Geboren ist ein kleines Kind,
das Frieden bringen will.

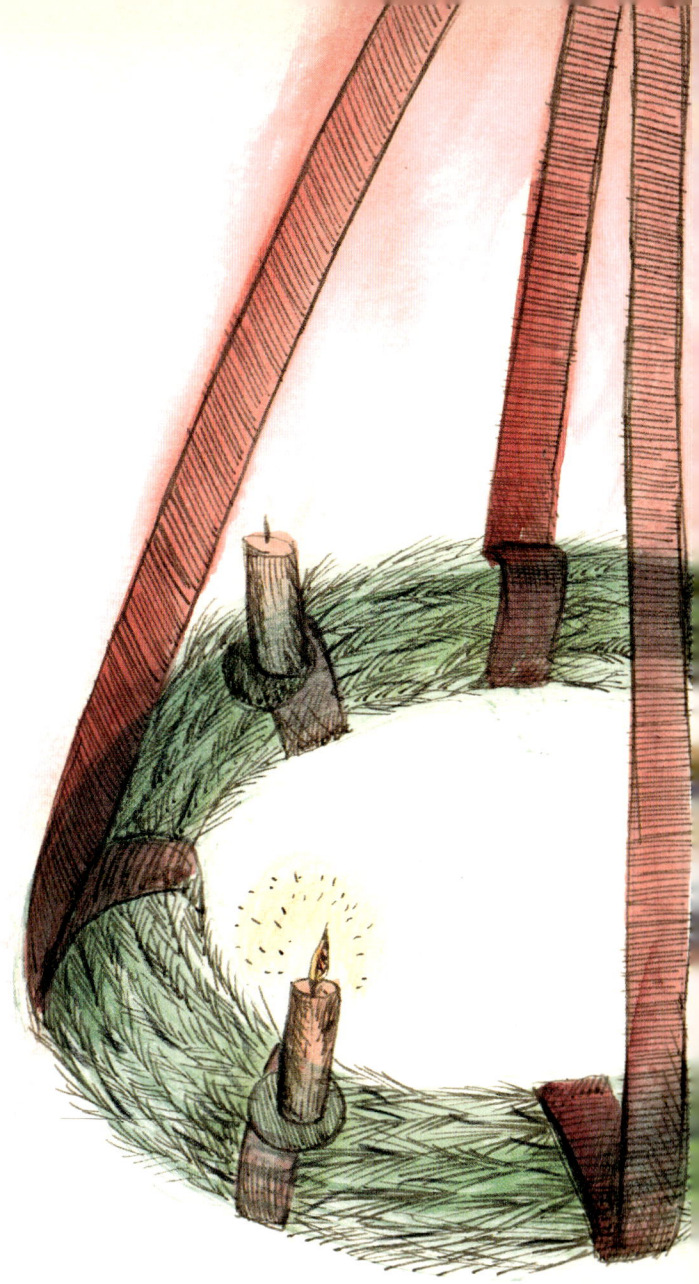

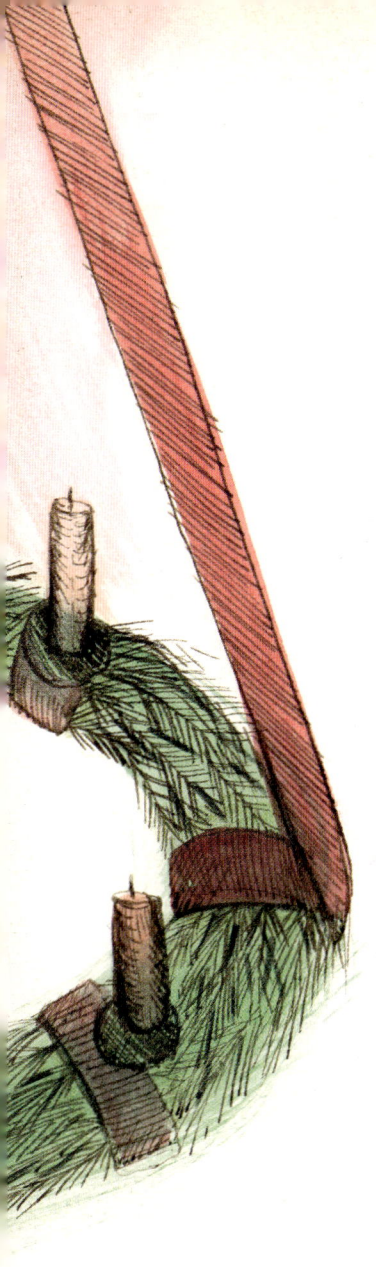
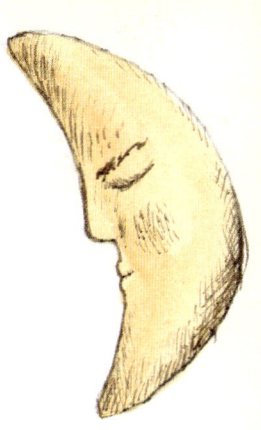

ADVENT BRINGT LICHT

Advent bringt Licht zur Winterzeit,
das Licht durchbricht die Dunkelheit.

Advent ist viel mehr, als du denkst,
Advent ist, wenn du dich verschenkst.

Advent steht wieder vor der Tür.
Advent beginnt bei dir und mir.

Advent bringt Licht zur Winterzeit,
das Licht durchbricht die Dunkelheit.

BARBARAZWEIGE

Ein Kirschbaum steht im Garten,
muß auf den Frühling warten.
Er steht in Schnee und Eis
und träumt in Blütenweiß.

Ein Kirschzweig steht im Zimmer
im Weihnachtskerzenschimmer.
Er blüht, weil ich es mag,
für mich am Weihnachtstag.

Barbarazweige

BALD SCHON KOMMT DER NIKOLAUS

Bald schon kommt der Nikolaus.
Vor Freude möcht ich springen.
Äpfel, Nüsse, Mandarinen,
Schokolade und Rosinen
sollte er mir bringen.

Bald schon kommt der Nikolaus.
Vor Freude möcht ich springen.
Frieden überall und Brot
für die Menschen in der Not
sollte er uns bringen.

Kein Platz für zwei in Bethlehem

Personen: Maria, Josef, 1. Wirt, 2. Wirt, 3. Wirt, Wirtin
1. Kind, 2. Kind, 3. Kind

1. Kind: Zwei Menschen durch die Straßen gehn,
sie ziehen still durch Bethlehem.
Der Tag war lang, der Weg war weit.
Zum Schlafen wär es nun schon Zeit.

Maria: Du, Josef, schön wär's jetzt daheim,
wir beide gehn hier ganz allein.
Die Straßen sind nun menschenleer,
und heute sorg ich mich so sehr.

Josef: Da brennt ein Licht!
Komm, sorg dich nicht!
Wir kehren bei dem Wirt hier ein,
für heute sind wir hier daheim.
He, Wirt! Wir kommen von weit her,
der Tag war lang, der Weg war schwer!

1. Wirt: Ein Zimmer? Wohl für eine Nacht?
Das habt ihr euch fein ausgedacht!
Wir sind ein besseres Hotel.
Geht weiter! Schnell! Und auf der Stell!

Maria: Er hat uns beiden weh getan.
Komm, Josef, laß den harten Mann.

Josef: Maria, schau, da ist was frei!
Da gibt es Platz nicht nur für zwei.
Ein Zimmer wolln wir, bitte sehr,
der Tag war lang, der Weg war schwer!

2. Wirt: Sagt mir, was ich nur machen soll.
Wir sind doch heute mehr als voll.
Und übrigens, für unser Haus
schaut ihr mir etwas ärmlich aus.

Maria: Du, Josef, sorg dich nicht so sehr
und nimm das alles nicht so schwer.
Schau doch, dort drüben brennt noch Licht.
Vielleicht verjagt man uns dort nicht.

Josef: Ein Zimmer wolln wir, bitte sehr,
der Tag war lang, der Weg war schwer!

Wirtin: Ein Zimmer wollt ihr? Kommt herein,
bei uns könnt ihr zu Hause sein.
Bei uns da sind noch Zimmer frei,
wir haben Platz nicht nur für zwei.

3. Wirt: Was denkst du nur, du blindes Huhn!
Die Leute wollen doch nur ruh'n!
Die essen und die trinken kaum,
die sollen um was andres schaun!

2. Kind: Das ist doch eine Sauerei!
In Bethlehem kein Platz für zwei?!
Und wieder hab ich festgestellt:
So viele denken nur ans Geld.
Doch vor der Stadt in Bethlehem,
da ist ein Wunder dann geschehn.

Maria: Schau, Josef, hier gibt's einen Stall,
und Stroh liegt hier auch überall.
Komm her zu mir.
Hier bleiben wir.

3. Kind: Und mitten in der kalten Nacht
hat sie das Kind zur Welt gebracht
in Bethlehem im Stalle,
für dich, für mich, für alle.

WENN DIE WEIHNACHTSGLOCKEN LÄUTEN

Wenn die Weihnachtsglocken läuten,
dann bin ich ganz still,
weil es nur, wenn ich ganz still bin,
Weihnacht werden will.

Wenn die Weihnachtsglocken läuten,
dann denk ich daran,
ob es wohl für alle Menschen
Weihnacht werden kann.

Wenn die Weihnachtsglocken läuten,
wünsche ich mir sehr,
daß es auf der ganzen Erde
einmal Weihnacht wär.

STERNSINGER

Ich bin der König Balthasar,
ich folge einem Stern,
der führt mich hin zum kleinen Stall,
zum Jesuskind, zum Herrn.

Ich möchte gerne mit dir gehn,
dann sind wir auch schon zwei.
Ich bin der Kaspar, und ich hab
ein bißchen Gold dabei.

Ich bin der König Melchior,
ich bring auch etwas mit.
Und wenn ich mit euch gehen darf,
dann sind wir schon zu dritt.

Drei Könige sind unterwegs.
Sie kommen von weit her.
Wenn du mit ihnen gehen willst,
dann freut das Kind sich sehr.

EIN JAHR IST VORBEI

Ein Jahr ist vorbei.
Was hat es gebracht?
Nun gießen wir Blei.
Silvesternacht.

Ein Jahr ist vorbei.
Der Himmel ist klar.
Fang wieder gut an.
Prosit Neujahr.

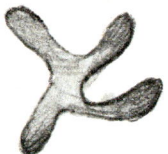

ZUM NEUEN JAHR

Zum neuen Jahr wünsch ich dir Glück,
Gesundheit und noch mehr.
Und wenn dir was daneben geht,
dann wünsche ich mir sehr,
daß du bald wieder lachst
und mit mir Späße machst.
Zum neuen Jahr wünsch ich dir das:
Gesundheit, Glück und sonst noch was.

Glücksschwein

INHALT